# LIDLOS
## GEDICHTE
## ILSE HEHN



„Drey finger thuns (sagt man von Schreibern), aber gantz leib und seel arbeiten dran."

(Martin Luther)

Für Edi Schneider

in Vertrautheit

Ilse Hehn

Ulm, Juni 2003

Ilse Hehn

# LIDLOS

Gedichte

Verlag HOLZER

Einband- und Seitengestaltung: Ilse Hehn

Umschlag: Porträt der Autorin (Detail)

Foto: Peter Fischer

by Verlag HOLZER

ISBN 3–00–010795-9

# ERSTER TEIL

## Rost

1

**Die Toten in unserer Haut**

Der Tag ist leicht bläulich
wie Bahnhofsbeleuchtung
wie schmales Leben

die Gleichgültigkeit seiner
Farbe erweckt Sehnsucht
nach Leere
die Lust nach Winter

Verpackte Zeit

Kaum ansprechbar
die Toten in
unserer Haut

**Rost**

Seit ich diesen
rotbraunen Staub auf
meiner Haut spüre
lebe ich gefährdeter
bin sichtbar für die Wölfe
und Gaukler essen mein Herz auf

2

# ERSTER TEIL

## Rost

1

**Die Toten in unserer Haut**

Der Tag ist leicht bläulich
wie Bahnhofsbeleuchtung
wie schmales Leben

die Gleichgültigkeit seiner
Farbe erweckt Sehnsucht
nach Leere
die Lust nach Winter

Verpackte Zeit

Kaum ansprechbar
die Toten in
unserer Haut

**Rost**

Seit ich diesen
rotbraunen Staub auf
meiner Haut spüre
lebe ich gefährdeter
bin sichtbar für die Wölfe
und Gaukler essen mein Herz auf

2

3

**Fragen sind Konkretionen**

Wer schürt
den Verrat

Wer atmet den
Rost ein

Wer weiß
wie weh das tut

**Im Netz**

In diesem riesig zuckenden
Rachen Kabel
die Worte an
den Strand gezogen
Boote lagern in
Schuppen
ausgeträumt bis zum
Rand der Sprache

4

5

**Nachricht vom Eisen**

*/ Februar 2003 /*

Mit Patina überzogen auch
heute nicht
im tuckernden Blut einge-
scannt sein Leichenglanz
latente geballte Kraft
Waffe
wahrhaftiger als jedes
Abbild der Welt
Das Jahr setzt einen Flügel
auf Halbmast: jemand zieht
aus das Fürchten zu lehren
weitab vom Wort
Wie buchstabiert man heute
Frieden

**Tagsüber, nachtüber**

Der Tod wechselt
den Ort
ohne Hass
ohne Liebe
reiht sich ein
in Menschland -
unsere Gewissheit im
Minimalen des Auges

6

7

**Lese die Zahlen**

Unterm Schnee spielt
Erinnerung
wie die Spur der Farbe in
toten Blättern

Steig aus diesen durch-
löcherten Bildern
leb` mir zu
tagverbunden
lese die Zahlen das
Bleigegossene
Nennbare

**Winter**

Du schweigst, Liebster

Davon kann ich nicht leben

8

9

**Lidlos**

Zwischen Herbst und
Winter immer
diese Angst man könnte
stürzen
seine Uhr verlieren
offen die
schartigen Augen

Leg dich
zu mir, Schlaf
lehr mich den Tod

**Rast**

Links wo der Schmerz
liegt ist Rast:

MEINE SPRACHE

verletzlich
hellwach
sprungbereit

Herztier

10

ZWEITER TEIL

# Leben zwischen Abschied und Ziel nahe dem Zeitgedächtnis

11

## Rannoch Moor / Highland

Hundert Tönungen und doch
nur die eine - rostbraun
Mutter Erde ist eine Verbitterte
mit unverwechselbarem Gesicht
als schickt sie sich zum
Sterben an
Land in Moll

Ein Dram ist ein Dram ist ein
Dram sagst du und trinkst ein
Loch in die Wolkendecke trinkst
eine flirrende Etüde zwischen
Moor und Himmel

*/ Schottland 2000 /*

## Unter dem leeren Himmel

Der streunende Hund
der mir folgt
die Frage
ob wir zu Hause sind
unter dem leeren Himmel
in Wörtern wie Möwen
am Grund des Wassers

*/ Karibik 1997 /*

12

## 13

### Schraffuren

Die Horizontale der Schatten-
regionen im Wechsel mit
Schraffuren des Lichts
Diese Weite, die alles auflöst
der Blick kann nichts fest-
klammern
Trotzdem das Gefühl, im
Herzland zu sein

Ab und zu seltsame Kamerawesen
die hier einfallen, ausschwärmen
und abziehen
Zugvögel – larus touristicus
Man müsste uns beringen

*/ Schottland 2000 /*

### Abends

Das Licht läuft davon
Katzen finden zurück in
ihre Fremdheit

Der Duft einer einzigen Blume
hetzt mein Herz in Mangroven

*/ Karibik 1997 /*

## 14

# 15

## **Atemgrau / Insel Sky**

Fern vom Kontinent und der
Industriegesellschaft von
Flitterkram Posen und allerlei
Lieben die Stille
etwas beruhigend Rückgewandtes
Eine Treppe aus Blei und
Zink der Himmel
programmatisches Atemgrau
nichts Strahlendes Serenes
Tage jenseits der Idylle
bleiben dir nichts schuldig

*/ Schottland - Hebriden 2000 /*

## **Schnappschuss**

Palmenfächer vor
Abendsonne

Eine tote Schwalbe
auf Stein

*/ Karibik 1997 /*

# 16

17

## Norwegische Skizze

Allgegenwärtig der Stein
einem gewaltigen Un-
geheuer gleich schmatzend
speichelnd aus Milliarden
Spalten Risse Schluchten
treibt er Wasser aus
tief geritzt in seine Haut der
eiskalte Schliff der Zeit
am Himmel die Drohung von
Schnee
fließend und weitschweifig
verlaufen Erinnerungsströme
der Fjord unter mir eine
Falltür zur Ewigkeit

*/ Norwegen 2002 /*

## Dieser Eindruck

Schnee tönt sich indigo
über den Stein

Dieser Eindruck
man hätte Zeit

*/ Norwegen 2002 /*

18

19

**Lakonische Zeilen /**
**Bei Freunden in Israel**
(für A.)

Die Spalte im Baumstamm
Der Sand auf der Tischplatte
Die Wunde im Kopf
Das Brot aus dem Kühlschrank
Die Gespräche
Die Küsse
Der Tumor im Alltag
Die Nähe der Toten
Die Gräte im Hals
Das Vorrecht, Besucher zu sein
von Mal zu Mal weniger

*/ Israel 2000 /*

20

**Blitzlicht**

Die im Einklang lebten mit
Wetter Rentier Erde

im Ramsch unserer Neugierde

*/ Lappland 2002 /*

21

**Zirkelschluss / Blindflugzeit**

Einkalkulierte Spiegelung
Scheinemfindungen
Donaulurelei

Du trittst aus einem Satz in
den anderen
schleppst die Bilder herum
wie in einer Höhle

Blindflugzeit

Das nichtgesagte Wort
ist Schmerz
schamlos das gesprochene

*/ Rumänien 2001 /*

**Allerorten**

Tief im Wort der
Schatten
stets farblos
kühl

gebunden
an die unabdingbare
Notwendigkeit des Lichts

/ Rumänien 2001 /

22

# 23

## Ohne Irritation / Rumänische Landschaft

Sätze aus dem Fenster gekippt
Sprachmüll umgeschmolzen in
Silben
wohltemperiert
untätig

Das Wort kein Zahnrad
auch nicht semantischer
Zauberwürfel
lautlos reparabel
Sprechblase über unserer
kalten Anatomie

Was heißt da Heimat
und wann fahren wir aus der Haut

*/ Rumänien 2001 /*

## Klicken Sie auf OK

Rost im Sprachgitter
der Cursor verirrt zwischen
Leerstelle und Wort
Dialoge - virtuell wie dieser
Beginn des einundzwanzigsten
Jahrhunderts

Also speichern wir den Tod
Den Kuss der ins Messer führt
wie der Ring zur Kette läuft

*/ Rumänien 2001 /*

# 24

# 25

## Via Apia Nova abends

Zwischen dem Hin & Her San-
tissima Trinità dei Monti und
Spanische Treppe in den Metro-
Tunnel den Bauch Roms gefallen
in die Zwergenwelt der Gegenwart
Zu gespenstischen Resten einer
Art Biomüll zusammengeschrumpft
Ausgespuckt weitab von Bernini
und Bramante ins schwarze Maul
der Verita welche auf solch triste
Art die Architektur unserer eigenen
Epoche der Lächerlichkeit preisgibt
Der Tag versenkt sich in Ödschaften
Unsere handkollorierten Träume
steigen planvoll ins Bild

*/ Rom 2003 /*

## Reisen

Infragestellen
das Schlepptau des Tages
die Trägheit der Stunden
leben zwischen Abschied
und Ziel
nahe dem Zeitgedächtnis
dem Unvergitterten

*/ Rom 2003 /*

# 26

**INHALT**

**Rost**


**1** ............................................................ Die Toten in unserer Haut

**2** ............................................................ Rost

**3** ............................................................ Fragen sind Konkretionen

**4** ............................................................ Im Netz

**5** ............................................................ Nachricht vom Eisen

**6** ............................................................ Tagsüber, nachtüber

**7** ............................................................ Lese die Zahlen

**8** ............................................................ Winter

**9** ............................................................ Lidlos

**10** .......................................................... Rast


**Leben zwischen Abschied und Ziel nahe dem Zeitgedächtnis**


**11** .......................................................... Rannoch Moor / Highland

**12** .......................................................... Unter dem leeren Himmel

**13** ........................................................ Schraffuren

**14** ........................................................ Abends

**15** ........................................................ Atemgrau / Insel Sky

**16** ........................................................ Schnappschuss

**17** ........................................................ Norwegische Skizze

**18** ........................................................ Dieser Eindruck

**19** ........................................................ Lakonische Zeilen /
........................................................ Bei Freunden in Israel

**20** ........................................................ Blitzlicht

**21** ........................................................ Zirkelschluss / Blindflugzeit

**22** ........................................................ Allerorten

**23** ........................................................ Ohne Irritation /
........................................................ Rumänische Landschaft

**24** ........................................................ Klicken Sie auf OK

**25** ........................................................ Via Apia Nova abends

**26** ........................................................ Reisen